Smart Home für Anfänger

Intelligente Lösungen für ein modernes Zuhause einfach und leicht umsetzen

Cornelius Perlich

INHALT

Das erwartet Sie in diesem Buch

Auf der letzten Grillparty staunte ich nicht schlecht, als mir der Gastgeber das Wohnzimmer zeigen wollte, wir den Raum betraten und das Licht wie von Geisterhand eingeschaltet wurde, entspannte Musik aus den Lautsprechern dröhnte und eine fremde weibliche Stimme wie aus dem Nichts sagte: „Temperatur wird auf 21 Grad angehoben, Ambiente-Modus wurde gestartet."

„Smart-Home"… rief mir mein bekannter Freund zu, während ich wie versteinert beobachtete, wie außerdem noch ein Zimmerbrunnen begann, das Wasser spielen zu lassen, und wie bunte Lampen anfingen, mir Farben zu präsentieren, die ich bislang nur von Farbkarten aus dem Baumarkt kannte. Nachdem die Jalousien dann vollautomatisch ihren Weg nach unten gefunden hatten, um den „Ambiente-Modus" zu komplettieren, konnte man mir sehr gut ansehen, dass diese technischen Finessen absolut mein „Ding" waren. Schnell war klar: „Das muss ich auch haben!"

Was heutzutage in fast jedem zweiten Haushalt zu sehen, aber doch längst nicht für jeden zu verstehen ist, behandeln wir in diesem Buch und erklären einfach und verständlich, was es mit „Smart Home" auf sich hat. Schritt für Schritt besprechen wir notwendiges Grundwissen und wichtige Punkte, die erforderlich sind, um unsere erste eigene Smart-Home-Steuerung zu realisieren. Vor- und Nachteile sowie die finanziellen Aspekte klären wir genauso wie eine Beispiel-Berechnung, um zu einer Erkenntnis zu kommen, ob die Möglichkeit besteht, Energie einzusparen, oder ob wir am Ende deutlich „draufzahlen" müssen. Nutzen Sie dieses Buch als Entscheidungshelfer vor der Anschaffung von Smart-Home-

Geräten, als unwissender Anfänger mit bereits gekaufter Technik oder nur als Informationsquelle, um bei der nächsten Grillparty mit den selbsternannten Smarthome-Experten mitreden zu können und mit Fachwissen zu glänzen.

Was ist überhaupt dieses „Smart Home"?

„Smart Home" ist nichts anderes als ein intelligentes Zuhause, ein vernetztes Zuhause. Es ist ein Haus oder eine Wohnung, oder aber auch ein Zimmer, welches in der Lage ist, durch den Nutzer eingestellte, oder automatisch durch Eintreten bestimmter Ereignisse, voreingestellte Abläufe zu automatisieren. Elektrische Geräte und Verbraucher werden geschaltet oder gesteuert. Sensordaten werden genutzt, um einen Ist-Zustand in den von uns gewünschten Soll-Zustand zu verändern, vollautomatisch oder manuell, bequem von unterwegs aus.

Ein kurzes einfaches Beispiel:
Sie öffnen die Türe zu Ihrem Garten und betreten die Terrasse, die Terrassenbeleuchtung schaltet sich ein. Jetzt denken Sie bestimmt an einen einfachen Bewegungsmelder, der die Leuchte eingeschaltet hat, richtig? Korrekt! Exakt dieses Beispiel beschreibt bereits eine einfache Form von Automatisierung und von Smart Home. Und diesen Automatismus führen wir fort und bauen darauf auf, um unser gesamtes Haus „smart" zu machen, Abläufe zu automatisieren und für uns zu vereinfachen.

WOFÜR DAS GANZE? WARUM BETREIBT MAN SO EINEN AUFWAND?

Es gibt mehrere Faktoren, die jemanden dazu bewegen, sein Haus, die Wohnung, den Garten oder nur ein Zimmer zu automatisieren. Der eigentliche, wohl bekannteste Grund ist unsere Bequemlichkeit. Ja, Sie haben richtig gelesen. Wir sind alle bequemer und auch fauler geworden. Warum sollte ich immer hinter den stacheligen, nadelnden Weihnachtsbaum klettern, um die Lichterketten auszustecken, wenn ich die Weihnachtsbaumbeleuchtung ausschalten möchte?

Mechanische Zeitschaltuhren, abschaltbare Steckdosen und später dann die fernbedienbaren Funk-Steckdosen waren bereits die primitiven Vorreiter der Smart-Home-Steckdosen – Steckdosen, die über WLAN (Wireless Local Area Network / Kabelloses Netzwerk) mit unserem Internet-Router verbunden sind und die über eine Smartphone-Applikation (App) ein- und ausgeschaltet werden können – voll automatisch, manuell, zu bestimmten Uhrzeiten, in Gruppen mit anderen Steckdosen oder bei einer Außentemperatur von 18 Grad, um zuletzt einfach ein absurdes Beispiel zu nennen. Aber Sie werden sehen, es gibt einfach keine Grenzen!

Automatisch gesteuerte Heizungen, Belüftungsanlagen, Türen, Jalousien und Lampen sind genauso steuerbar wie Kühlschränke,

Kaffeemaschinen, Backöfen, Fernseher, Rasenmäher und alle anderen Haushaltsgeräte, die der Markt hergibt – einzig und allein, um die Lebens- und Wohnqualität zu erhöhen, das eigene Tun zu minimieren und die eigene Sicherheit sowie die Energieeffizienz zu erhöhen, zu kontrollieren und auf einfachste Weise anpassen zu können, mit möglichst geringem Aufwand.

Warum sollte ich meinen Wohnraum „smart" machen?

Grundsätzlich gibt es für keinen unter uns eine Verpflichtung dazu, seinen eigenen Wohnraum in ein Smart Home umzuwandeln. Es gibt meiner Meinung nach aber jede Menge Vorteile, dies zu tun. Und gerade in diesem Jahr fällt mir als erstes Stichwort „Energieeinsparung" ein. Da zurzeit die Strom- und Gaspreise förmlich explodieren, kann ich mit ruhigem

Gewissen behaupten, dass man mit automatischen, intelligenten Steuerungen durchaus eine Menge Energie einsparen kann und damit logischerweise auch bares Geld.

Als Beispiel führe ich Ihnen die Steuerung von Heizungs- und Raum-Thermostaten auf. Sie haben in Ihren Wohnräumen die Heizkörper beispielsweise auf „Stufe 3" eingestellt, ein für Ihr Empfinden angenehmer Wert, der Ihnen wohlige Wärme beschert. Wenn Sie zur Arbeit fahren, zum Einkaufen, zum Arzt oder wohin auch immer, machen Sie sich sicher nicht die Mühe, all Ihre Thermostate runterzuregeln bzw. auszuschalten, weil für eine gewisse Zeit niemand zu Hause ist, oder?

Ein Smart-Home-Heizungsregler, der erkennt bzw. überprüft, ob Sie zu Hause sind, ein Fenster geöffnet wurde oder eine Türe offensteht, aber schon. Er regelt die Temperatur herunter und sobald Sie wieder zu Hause sind, das Fenster geschlossen wird oder die Türe geschlossen wurde, regelt er die Temperatur wieder herauf und heizt den Raum auf die von Ihnen eingestellte Temperatur auf. Er erkennt Luftzüge durch ein geöffnetes Fenster und schaltet, währenddessen Sie den Raum lüften, die Heizung ab. Sobald Sie das

Fenster schließen, schaltet er automatisch die Heizung wieder ein. Es geht keine Energie durch ständig weiter heizende Heizkörper oder Fußbodenheizung verloren.

Es gibt noch unzählige Beispiele, die eine Kostenersparnis hervorrufen können, da ich mich in diesem Buch aber speziell auf Anfänger konzentriere, bleiben wir auch relativ oberflächlich bei den einfachen Lösungen.

Sie schalten vor dem Schlafengehen den Fernseher an der Fernbedienung ab. Gehen Sie anschließend auch zur Steckdose und trennen das Netzkabel des Fernsehers aus der Steckdose?

Nein? Der Fernseher benötigt, während er auf Ihre Eingaben der Fernbedienung wartet, im ausgeschalteten Zustand im Durchschnitt ca. 14 Watt. Das sind ca. 103 Kilowattstunden im Jahr und das beträgt heute bei einem durchschnittlichen Strompreis von 0,30 € pro Kilowattstunde in etwa 31 € – nur für das Warten auf Ihre Eingaben durch die Fernbedienung.

Hier wäre eine per Sprache oder per Smartphone-App steuerbare Steckdose doch viel einfacher: Ein Klick auf dem Smartphone oder vielleicht eine Sprachansage „Steckdose Fernseher, ausschalten" und augenblicklich trennt unsere schaltbare Steckdose die Stromverbindung zwischen Fernseher und Wandsteckdose. Jetzt benötigt Ihr Fernsehgerät keinerlei Strom mehr. Wie ein Handschalter. Praktisch und effektiv.

Ist Ihnen etwas aufgefallen? Sehr gut, Sie haben völlig recht! Auch eine WLAN-Steckdose wartet natürlich in irgendeiner Form auf meine Befehle und ist auch noch zusätzlich mit dem WLAN-Netzwerk im Haus verbunden. Das ist auch völlig korrekt. Jedoch müssen wir hier festhalten, dass eine WLAN-Steckdose einen durchschnittlichen Stromverbrauch von 0,4 Watt aufweist, während sie auf weitere Anweisungen wartet. Das ist tatsächlich nur ein Bruchteil des Verbrauches, den Ihr Fernsehers benötigt.

Dieses Szenario lässt sich nun auch auf alle weiteren, im Haushalt befindlichen Geräte anwenden und es lässt sich entsprechend errechnen, wie hoch eine evtl. Ersparnis ausfallen könnte. Denn jedes Haushaltsgerät, welches eingeschaltet ist, benötigt Strom. Im Endergebnis kommt meistens eine deutliche Ersparnis heraus, wenn Geräte, die einen auf Eingaben wartenden Standby-Zustand besitzen, vom Stromnetz getrennt werden.

Aus welchen Gründen Sie sich für den Start mit Smart Home entschieden haben oder noch entscheiden werden, liegt ganz bei Ihnen – um Energie zu sparen, bequemer oder automatisch die Geräte schalten zu können oder aus allen Gründen zugleich. Fakt ist, eine Anschaffung der nötigen Steckdosen, Sensoren oder Module ist mit einem relativ hohen finanziellen Aufwand verbunden und darf in einer Kalkulation nicht vernachlässigt werden.

Je nachdem, wie viel und was Sie steuern, schalten oder automatisieren möchten, sind im Gesamten mit mehreren hundert Euro zu rechnen. Bei nicht wenigen geht es sogar, je nach Menge, in die Tausende von Euro. Aber dazu mehr im Kapitel „Anschaffungskosten versus Energieersparnis". Machen Sie sich einen Plan. Tragen Sie Ihre Ideen zusammen, welche Projekte Sie in Ihrem Haus oder Ihrer Wohnung realisieren wollen. Später tragen Sie die notwendigen Preise ein und erstellen eine Prioritäten-Tabelle, mit welchen Projekten Sie beginnen möchten. So behalten Sie den Überblick und vergessen später auch nicht, welche Prozesse Sie eigentlich optimieren bzw. anpassen wollten.

Vor- und Nachteile von automatisier- tem Wohnen

Wie im vorherigen Kapitel bereits grob angesprochen, bringt so ein Smart Home einige Vorteile mit sich, jedoch darf man die Nachteile nicht unerwähnt lassen.

Fassen wir kurz übersichtlich zusammen:

Neben dem Vorteil, dass Geräte, die eigentlich im Standby-Zustand eingeschaltet bleiben, nun komplett abgeschaltet werden sollen, bieten einige Hersteller der WLAN-Steckdosen, und auch der smarten Schalter und Lampen-Lösungen, einen integrierten Stromzähler in ihrer Smartphone-App an.

Das bedeutet, dass Sie jederzeit den tatsächlichen Stromverbrauch des angeschlossenen Gerätes oder aller Geräte im Überblick haben. So können Sie unter Zuhilfenahme eines Taschenrechners zügig ausrechnen, wie hoch die voraussichtlichen Kosten für dieses Gerät oder für alle Geräte pro Monat/Jahr werden. Der größte Vorteil ist natürlich, dass wir in der Lage sind, unsere Geräte automatisch, manuell und/oder von überall aus auf der Welt mit unserem Smartphone, Tablet oder PC zu steuern. Grafische Oberflächen der App-Entwickler lassen ebenfalls eine Sortierung nach Räumen zu und hübschen unsere digitale Steuerung mit großen Buttons oder Schaltern, Icons oder sogar Fotos zum Ein- und Ausschalten unserer Geräte grafisch auf.

Ein weiterer Vorteil ist die Vernetzung im Gesamten. Mit einem Klick oder Sprachbefehl lassen sich Steckdosen, Lampen und alle gewünschten weiteren Geräte miteinander verknüpfen und gemeinsam schalten oder steuern. Zu den Sprachbefehlen kommen wir jedoch später. Ob auch eine Zeitersparnis dadurch möglich ist? Nun gut, also das Schalten eines Schalters habe ich bislang nie als verschwendete Lebenszeit angesehen, oder etwa doch? Lassen wir das an dieser Stelle, bilden Sie sich Ihre eigene Meinung!

Um bei möglichen Vorteilen anzuknüpfen, greife ich das Beispiel der Heizungssteuerung wieder auf. Sinnlos aus dem Fenster gepulverte Heizungsluft gehört der Vergangenheit an. Ein klarer Vorteil! Lampen in Treppenhäusern können ohne aufwändige elektrotechnische Installationsänderungen zeitsteuerbar oder gar automatisiert bei Zutritt werden. Wenn das mal kein Vorteil ist gegenüber dem Umstand, einen Elektriker zu beauftragen, die ganzen Wände aufzustemmen, neue Leitungen verlegen zu lassen und im Baustaub zu versinken – ganz abgesehen von den Kosten.

Ihnen fehlt ein Schalter am Bett, um das Licht an der Decke ausschalten zu können? Bei völliger Dunkelheit an der Bettkante angestoßene Zehen gehören der Vergangenheit an. Per Sprache steuerbare Lampen oder ein Zusatzschalter, der beispielsweise per Klebestreifen an der Wand angebracht werden kann, per WLAN in unsere Steuerung integriert wird und mit einer Batterie mit Strom versorgt wird, vereinfachen das Vorhaben ungemein.

Wie Sie erkennen können, wird man mit Smart Home enorm flexibel. Sollte man plötzlich an dem Punkt stehen, dass man sein kreatives Feuerwerk gedanklich gezündet hat, merkt man schnell, dass den Ideen keine Grenzen gesetzt werden. Entwickelt wird alles, was uns den Alltag leichter machen kann. Aber ... da war doch noch was ... die Kosten der Anschaffung!

Ganz genau, und hier kommen wir auch schon zum entscheidenden Nachteil, den meines Erachtens ein Smart Home mit sich bringt, und das sind nun mal die Anschaffungskosten. Jeder Sensor, jede Steckdose, jeder Schalter und jedes Modul kostet natürlich Geld.

Ein weiterer „Nachteil", der nicht vergessen werden darf, ist, dass man sich darüber im Klaren sein muss, dass jedes einzelne Modul unseres Smart-Home-Systems, egal, ob Sensor oder Aktor, *(Sensor = stellt einen bestimmten Zustand fest / Aktor = stellt einen bestimmten Zustand her)* eine dauerhafte Verbindung zum Wireless-LAN-Netzwerk

(WLAN) in Ihrem Haus oder der Wohnung aufrechterhalten muss, um jederzeit den Dienst verrichten zu können. Eine ständige Funk-Verbindung, die unser WLAN natürlich ist, ist in manchen Augen eine schädliche elektromagnetische Belastung für unseren Körper. Wissenschaftliche Studien haben aber tatsächlich bis heute nicht bewiesen, dass diese Art der Strahlung für den menschlichen Körper schädlich ist, jedoch wurde auch nie das Gegenteil bewiesen. Lediglich bei Mäusen wurde angeblich nachgewiesen, dass elektromagnetische Strahlung Stress und Schlafstörungen hervorgerufen haben.

Weiter möchte ich in diesem Leitfaden auch nicht auf Spekulationen eingehen. Denn wer sich ernsthaft dazu entscheidet, seinen Wohnraum „smarter" zu machen, der wird sich über die möglichen Strahlungen, denen er „ausgesetzt" werden könnte, informiert haben und im Klaren sein.

Weitere Vor- und Nachteile sind eindeutig systembezogen und können hier nicht pauschalisiert werden. Ein paar Details möchte ich aber der Verständlichkeit halber ansprechen. Einige Systeme sind sogenannte „Plug- & Play-Systeme", Funk-Systeme, die im Bereich von 433 Megahertz oder 868 Megahertz funken. Sie sollen eingesteckt werden und dann mehr oder weniger direkt ihren Dienst verrichten, ohne weitere aufwändige Konfiguration. So die Werbeslogans!

Andere Systeme setzen elektrotechnische Vorkenntnisse voraus, da sie beispielsweise in Stromverteilern, hinter Lichtschaltern oder aber in Verteilerdosen verdrahtet und betrieben werden müssen. Wir werden uns hier ausschließlich mit Plug- & Play-Systemen beschäftigen, die das WLAN-Netzwerk im Bereich von 2,4 und 5 Gigahertz nutzen, ein anderes, einfacheres System. Für diese Smart-Home-Systeme werden meistens auch keine zentralen Steuerungen (sog. Gateways) benötigt. Entscheidet man sich dennoch für ein reines Funk-System, ist man auf jeden Fall gezwungen, sich mit der Arbeitsweise dieses Gateways auseinanderzusetzen.

Sollte die Menüführung oder die Konfiguration kompliziert und unverständlich sein, müssen wir uns nach dem Kauf wohl oder übel damit arrangieren. Dies ist zwar bei vielen Herstellern nicht sonderlich kompliziert, und auch immer öfter schon recht intuitiv, trotz allem muss das Gateway auch zusätzlich meist per Kabel mit unserem heimischen Netzwerkrouter verbunden werden und benötigt des Weiteren auch zusätzlich Strom aus einer Steckdose. Die einzelnen Empfänger werden dann in der Regel per Funk angesteuert. Sie sind zu 90 Prozent herstellerspezifisch. Das bedeutet, dass Zusatzmodule oft nur vom selben Hersteller hinzugekauft und betrieben werden können. Bietet der Hersteller einen bestimmten Sensor, den wir zwingend benötigen, gar nicht an, endet unser Vorhaben spätestens hier. Die Aufgabe eines Gateways wird bei den WLAN-Systemen durch eine Smartphone-App übernommen. Schauen wir uns die verschiedenen Möglichkeiten aber einmal an.

Unterschiede verschiedener Smart-Home-Lösungen

Der aktuelle Smart-Home-Markt ist riesig, unübersichtlich und unendlich ist die Auswahl an Möglichkeiten, den eigenen Wohnraum zu automatisieren. Mittlerweile bieten Baumärkte eigene Produkte an und selbst Lebensmitteldiscounter sind längst auf die beliebte Smart-Home-Welle aufgesprungen und wollen sich ihren Teil des Kuchens mitnehmen.

Die angebotenen Produkte unterscheiden sich teils stark in ihren technischen Merkmalen und im Funktionsumfang. Eines haben sie jedoch alle gemeinsam: Sie wollen uns das Leben leichter und komfortabler machen. Nicht mehr, und auch nicht weniger. Auch bei diesen Produkten wird meistens ein Gateway als Zentrale genutzt und ein Nachkaufen weiterer Sensoren kann nur von diesem Hersteller bzw. diesem System und Modell erfolgen.

In der Automatisierungstechnik für Wohnräume unterscheiden wir jedoch drei Haupt-Systeme und hier werden wir auch nur sehr grob die wichtigsten gegenüberstellen bzw. aufführen:

• **Bus-Systeme (EIB-, KNX-Systeme)**: Jeder Schalter und jede Steckdose wird mit einer separaten Datenleitung versehen, wobei alle Leitungen in der Hauptverteilung, unserem Sicherungskasten, zusammenlaufen. Eine zentrale Steuerung übernimmt dort, eingebaut und nach den Wünschen des Eigentümers programmiert, die automatisierten Aufgaben und Schaltbefehle. Eine App zur Steuerung der Anlage ist selbstverständlich vorhanden. Diese Art wird meistens und sinnvollerweise in Neubauten angewendet, da sich die

Elektroinstallation von Grund auf schon von einer konventionellen Installation unterscheidet. Die Planung und Ausführung übernehmen meist auch spezialisierte Unternehmen.

• **Funk-Systeme (433 MHz/868 MHz)**: Ein zentrales Steuerungsmodul in Form einer kleinen Box (Gateway), die am heimischen Netzwerk angeschlossen wird, bekommt die Befehle vom Nutzer via PC, Tablet oder Smartphone. Die Daten der Sensoren werden via Funk an die Zentrale geleitet und die Zentrale sendet ihre Befehle wiederum per Funk an die Empfänger. Verschiedenste Hersteller und verschiedene Funkfrequenzen sind im Handel erhältlich und beschreiben die Leistungsfähigkeit und die Reichweite der Sensoren und Aktoren.

Die unterschiedlichen Funk-Frequenzen beschreiben hier die Reichweite und sind somit als Nachrüstsysteme gut geeignet. Die Sensoren oder Aktoren können zu 90 Prozent auch nur vom eigentlichen Hersteller verwendet und hinzugekauft werden. Ausnahmen gibt es natürlich, jedoch ist es insgesamt relativ teuer in der Anschaffung und durch die Herstellerbindung eher unflexibel. Beschrieben als Plug- & Play-Systeme, muss der Endkunde sich jedoch mit der Software und Arbeitsweise des Gateways auseinandersetzen. Als Einstieg werden größtenteils sogenannte „Starter-Sets" verkauft, die meist einen Bewegungsmelder, eine schaltbare Steckdose und einen Fenster-Öffnungskontakt beinhalten. Das Hinzukaufen weiterer Aktoren oder Sensoren ist in aller Regel verhältnismäßig teuer.

• **<u>WLAN-Systeme (2,4 GHz/5 GHz)</u>**: Jeder Sensor und jeder Aktor baut eine eigenständige WLAN-Verbindung zum Internet-Router auf und teilt seine Daten über das heimische WLAN-Netzwerk mit. Eine App auf Smartphone, Tablet oder PC übernimmt die Verarbeitung der Daten, die Anzeige und die Steuerung sowie die Befehle des Nutzers. Neben günstigen Preisen in der Anschaffung ist keine zentrale Steuerung, ein Gateway, notwendig. Eine Reihe verschiedener Hersteller können aufgrund der WLAN-Anbindung miteinander kombiniert werden. Nachteil bei den meisten Herstellern ist jedoch noch, dass eine eigene Smartphone-Applikation entwickelt wird und diese auch genutzt werden muss. Einige Hersteller arbeiten aber schon mit einer Standard-App gemeinsam zusammen.

Dies soll in Zukunft jedoch geändert werden und alle Hersteller sollen genötigt werden, mit einer einzigen gemeinsamen App zusammenzuarbeiten. Für den Verbraucher wäre dies ein wahrer Segen.

Größter und entschiedenster Vorteil ist und bleibt aber das Preis-Leistungs-Verhältnis.

Technik Made in China macht es möglich.

In diesem Buch werden wir uns auf das WLAN-System beschränken. Es bietet einem Anfänger die größtmögliche Freiheit, den geringsten Aufwand und die niedrigsten Kosten.

Welche Lösung ist für mich die richtige?

Auf diese Frage kann es keine richtige und keine falsche Antwort geben. Im Grunde genommen kann man sogar sagen: ALLE!

Denn jedes System kann an eigene Wünsche, Bedürfnisse und Anforderungen individuell angepasst und entsprechend konfiguriert werden. Es ist, wie immer, auch eine Preisfrage. Wie bereits erwähnt, entscheidet sich ein Teil der Häuslebauer für ein aufwendiges kabelgebundenes System, das jedoch meist sehr teuer in der Anschaffung und aufwendig in der Installation ist. Der Vorteil liegt dabei klar auf der Hand, es werden handelsübliche konventionelle Steckdosen und Standard-Schalter sowie Lampen schon durch die Grundinstallation automatisiert. Andere wiederum, die gerade ihr Eigenheim planen, setzen von vornherein auf Plug- & Play-Funk- bzw. WLAN-Systeme, um möglichst flexibel zu bleiben. Es müssen keine speziellen Leitungen verlegt werden und aufgrund der kabellosen Montage sind die Orte der Sensoren und Aktoren beliebig wählbar.

Sie bleiben flexibel und können auch kurzfristig und schnell Änderungen vornehmen. Ein weiterer Grund für die Wahl dieser Systeme ist, Geld zu sparen, denn diese „Systeme" sind bei Weitem günstiger. Gerade in gemieteten Objekten ist dies auch sehr sinnvoll, da alles zusammengepackt und zum neuen Umzugsort mitgenommen werden kann. Hier kann bzw. muss jeder für sich entscheiden, was er will, was er braucht, wie flexibel er sein möchte und was er bereit ist, dafür auszugeben. Für Anfänger, die beabsichtigen, Stück für

Stück ein Smart Home aufzubauen oder die immer dann ihr System erweitern wollen, wenn sie finanziell gerade ein kleines „Polster" zur Verfügung haben und keine Unsummen für ein aufwendig geplantes und fertig montiertes System ausgeben möchten, empfehle ich ein solches WLAN-(Baukasten-)System. Die Vorteile dafür überwiegen – auch wenn eingesteckte Zwischensteckdosen nicht gerade eine Augenweide schlechthin sind, sie erfüllen Ihren Zweck genauso. Vertriebsprofis könnten Ihnen natürlich etliche Vorteile gegenüber WLAN- und Funk-Systemen nennen, jedoch sollten wir uns immer vor Augen halten, was eigentlich unser Ziel ist, welchen Nutzen wir daraus ziehen möchten und zu welchem Preis.

Was kann ich alles steuern, überwachen oder automatisieren?

Im Bereich Smart Home gibt es bereits alle Formen von Sensoren und Aktoren. Dazu zählen unter anderem:

- schaltbare Steckdosen
- Schalter und Taster
- Lampen

- Temperatur-Sensoren innen & außen

- Regensensoren

- CO_2-Sensoren

- Fenster- & Türen-Öffnungssensoren

- Wassersensoren

- Gas-Sensoren

- Rauchwarnmelder

- Alarmsensoren

- Sirenen

- Lichtschranken

- Tankfüllstandsensoren

- Wetterstationen

- Überwachungskameras

- Heizungsregler

- Bewässerungssteuerungen

- Rollladen/Markisensteuerung

- *und viele weitere mehr...*

Kurz gesagt, es gibt nichts, was nicht automatisiert werden kann. Selbst für herkömmliche Geräte, die sich bereits in unserem Besitz befinden, die nicht „smart" sind und die keine WLAN-Anbindung haben, können durch universelle

Lösungen in smarte Endgeräte umgewandelt werden. So lässt sich beispielsweise eine herkömmliche Kaffeemaschine oder ein Kaffee-Automat mit einem Zusatzmodul per WLAN ein- und ausschalten. Ein Klebemodul wird über den eigentlichen An/Aus-Taster der Kaffeemaschine geklebt. Dabei wird ein kleiner Stift auf Anweisung durch die App aus dem Gehäuse gefahren und drückt den mechanischen Schalter für uns – keine sonderlich schöne Lösung, aber eine effektive. Die Funktion ist auf jeden Fall garantiert.

Wenn Sie sich auf dem Hausgerätemarkt so umsehen, werden Sie immer wieder über die Bezeichnung „Wi-Fi" stolpern. Diese „Wireless Fidelity"-Kennzeichnung beschreibt, dass dieses Gerät per WLAN steuerbar ist oder Daten über den Zustand per WLAN bereitgestellt werden, die dann entweder von einer vom Hersteller bereitgestellten App oder einer universellen App für mehrere Geräte ausgewertet werden kann, oder dass eine Steuerung des Gerätes möglich ist.

Dies ist von Hersteller zu Hersteller unterschiedlich. Wie bereits erwähnt, wird die Industrie gerade dazu aufgefordert, sich auf eine universelle App für alle Hersteller zu einigen, sodass der

Endkunde nicht für jedes seiner Geräte eine separate App der Hersteller auf sein Smartphone laden muss. Aber so weit sind wir, denke ich, noch etwas länger nicht. Sie wissen doch: „Viele Köche verderben den Brei." Schön wäre es zumindest, wenn nicht 10 verschiedene Apps für 10 verschiedene Geräte auf dem Smartphone installiert werden müssten.

Ein neuer Fernseher, den Sie heute kaufen, wird aller Regel nach bereits über eine App steuerbar und damit ein sogenannter Smart-TV sein. Selbst die günstigsten Geräte weisen mittlerweile „Wi-Fi-Konnektivität" auf und lassen sich per Handy steuern. Auch Backöfen, Waschmaschinen, Spülmaschinen, Kaffeeautomaten und Kühlschränke sind bereits teilweise Geräte, die in eine Smart-Home-Steuerung integriert werden können. Diese können aus der Ferne eingeschaltet werden, deren Temperaturen können überwacht und gesteuert werden und es gibt sogar Kühlschränke, die in der Lage sind, entnommene Produkte vollautomatisch über das Internet nachzubestellen.

Ja, Sie haben richtig gelesen, auch solche Dinge sind bereits Teil von „Smart Home", dem

„intelligenten Zuhause". Während einige Entwickler noch an der Umsetzung feilen, haben andere Hersteller schon fertige Geräte auf den Markt gebracht. Preislich befinden wir uns hier noch in der Champions-League, da der Markt NOCH nicht von fertigen Produkten übersät ist. Alles eine Frage der Zeit. Jedoch sollten wir uns langsam an den Gedanken gewöhnen, dass uns unsere Haushaltsgeräte Stück für Stück das Denken abnehmen werden. Ein ungewöhnlicher Gedanke, aber wir wollen es ja so. Aus Bequemlichkeit.

Ebenso sind bereits die meisten Rasenmäher-Roboter mit WLAN ausgerüstet und können über die App der Hersteller aus der Ferne gestartet und koordiniert werden. Sie verrichten dann völlig autark ihren Dienst und Sie brauchen sich nur noch über ihren frisch gestutzten Rasen zu freuen. Der Fantasie und auch der Umsetzung sind fast keine Grenzen gesetzt.

Anschaffungskosten vs. Energiesparen – Spare ich am Ende sogar noch Geld?

Während wir bei einem Neubau evtl. über eine Bus-Steuerung nachdenken, fallen uns schnell die Kosten für einzelne systemrelevante Bauteile ins Auge. Sie beginnen bei mehreren hundert Euro für EIN Bauteil. Bis wir eine brauchbare Steuerung besitzen, schießen die Kosten unaufhaltsam in die Höhe.

Ein Funk-Starter-Set zur Nachrüstung, bestehend aus 3 schaltbaren Empfängern, beginnt meist bei ca. 200-300 Euro. Je nach Erweiterung und auf unsere Bedürfnisse angepasst, siedeln sich diese fertig konfigurierten Sets in etwa bei 500-1500 Euro an, je nach Umfang auch mehr. Nach unserer kleinen Beispielrechnung im Kapitel „Warum sollte ich meinen Wohnraum ‚smart' machen"? sind wir kurz auf die möglichen Ersparnisse beim Abschalten von Fernsehern aus dem Standby-Modus eingegangen.

Weiterhin kann man die Rechnung auch noch fortführen, bei den Kosten, die möglicherweise eingespart werden können, wenn die Heizungsanlage oder einzelne Heizkörper bedarfsorientierter oder automatisch gesteuert werden. Abhängig hiervon ist der Preis der genutzten Energie und das eigens gesehene Einsparpotential durch Zeitsteuerung und durch automatische „Fenster offen"-Abschaltungen. Pauschal kann ich für mich behaupten, dass ich seit der Anschaffung der intelligenten Heizkörper-Regler pro Jahr ca. 30 % der Heizkosten einspare. Das sind in etwa 400 Euro, die nach der Endabrechnung nicht an den Gasversorger gehen. Jedes Jahr! Bei einmaligen

Anschaffungskosten von etwa 300 Euro ist bereits im ersten Jahr eine Ersparnis deutlich sichtbar – und auf mehrere Jahre gesehen eine ganze Menge.

Bei schaltbaren WLAN-Zwischen-Steckdosen liegt der Anschaffungspreis im Durchschnitt bei etwa 10-15 Euro. Bei Abschaltung unseres Fernsehers aus dem Standby-Betrieb und einer Ersparnis von ca. 30 Euro ist auch hierbei eine Gutschrift ersichtlich. Den Kaffee-Automaten, den wir gewohnheitsbedingt eingeschaltet lassen, weil wir uns in einer Stunde vielleicht doch noch einen weiteren Kaffee „ziehen" möchten, können wir nun getrost abschalten.

Denn sobald uns der Kaffeewunsch wieder in den Sinn gekommen ist, schalten wir nun von überall aus den Automaten wieder ein, und bis wir in der Küche angekommen sind, wurde er aufgeheizt und die Kaffeeauswahl kann augenblicklich beginnen. Währenddessen haben wir die Kosten für den laufenden Betrieb, die eigentlich angefallen wären, um die Kaffeeauswahl bereitzuhalten, ebenfalls eingespart. Dies spart nicht nur bares Geld aus der eingesparten Energie, sondern auch noch an Lebensdauer unserer Gerätschaften. ABER machen wir uns nichts vor: Sobald sich unsere Lebensgewohnheiten auf den „neuen" Komfort eingestellt haben, beginnen wir instinktiv damit, darüber nachzudenken, welche Möglichkeiten uns nun zur Verfügung stehen, um unseren Haushalt noch komfortabler zu machen. So greifen wir automatisch auch zu Sensoren und Aktoren, die uns kein wirkliches Einsparpotential bieten, aber uns das Leben eben einfacher und bequemer machen. Diese Anschaffungskosten schlagen natürlich trotzdem zu Buche und fallen in einer Gesamtrechnung negativ auf. Nichtsdestotrotz sprechen wir hier über diese Möglichkeiten, da sie fester Bestandteil unseres Smart Homes sind. Sie machen uns das Leben leichter!

Als Beispiel nenne ich Ihnen hier ein Alarm-System. Öffnungs-Sensoren an Türen und Fenstern warnen uns vor ungewollten Gästen auf dem Smartphone und lassen eine Außensirene aufheulen, sobald zu den von Ihnen voreingestellten Zeiten oder Situationen ein bestimmter Sensor eine Öffnung registriert. Einsparmöglichkeiten sind auch hier keine gegeben, jedoch werden wir beschenkt, mit einem hohen Maß an Sicherheitsgefühl und innerer Ruhe. Vor allem im Schlaf.

Ein weiteres Szenario wäre das Öffnen der Haustüre und das automatische Einschalten der Flur- oder Treppenbeleuchtung für X Minuten und die anschließende Abschaltung. Auch bei diesem Beispiel wäre eigentlich keine Einsparung ersichtlich, es sei denn, Sie lassen beim Nachhausekommen turnusmäßig die Beleuchtung im Flur brennen. Durch die automatische Abschaltung nach Ablauf der von Ihnen gewählten Zeit wäre auch hier ein deutliches Plus auf der Stromrechnung möglich. Eine Einsparung ist auch von Ihren Gewohnheiten abhängig.

Öffnungs-Sensoren, die an Fenster oder Türen angebracht werden, nutzen bauartbedingt Batterien als Spannungsquelle. Alles andere würde bei beweglichen Teilen auch keinen Sinn machen. Die Kosten dafür müssen zu den Folgekosten gerechnet werden. Sollten Sie statt Einweg-Batterien umweltschonendere Akkus verwenden wollen, muss der Stromverbrauch für die Ladung der Akkus ebenfalls zu den Folgekosten addiert werden. Diese Geräte benötigen aber in ihrer Bereitschaft recht wenig Strom und eine Akkuladung oder eine neue Batterie sollte mehrere Monate durchhalten. Mit einer neuen Batterie oder einer frischen

Akkuladung sind die meisten Geräte auch tatsächlich einige Monate betriebsbereit, abhängig von den gemeldeten Öffnungen. Das bedeutet: Wird ein Fenster oder eine Türe häufig geöffnet, meldet der Sensor stets die Zustandsänderung an Ihre App und benötigt etwas mehr Strom als im reinen Bereitschaftsmodus.

Wie lange eine Batterie nun wirklich durchhält, hängt also vom Nutzerverhalten und vom Gerät selbst ab. Wie viele Einsparmöglichkeiten generell bei Ihnen möglich sind, hängt, wie schon gesagt, ganz von Ihren Gewohnheiten, Ihrer Umgebung und der Kreativität ab, die Sie der Umsetzung und dem Nutzen von Smart Home schenken. Auch Gewohnheitsänderungen, die sich durch Smart Home einfacher realisieren lassen, tragen evtl. einer Energie- und damit auch einer Kostenersparnis bei. Seien Sie kreativ und spielen Sie Ihren Tagesablauf gedanklich durch – ich bin mir sicher, Sie finden einige Situationen, die sich automatisieren lassen, und gleichzeitig auch damit verbundene Kosten, die sich zumindest ein Stück minimieren lassen. Sparpotential ist überall vorhanden!

Ärmel hoch …
Wir legen los!

Da Sie nun festgestellt haben, dass es durchaus möglich ist, Ihre Fixkosten der Energieversorger zu senken, und Sie für sich bestimmt schon durchgerechnet haben, welche Ersparnisse möglich sind, legen wir los und bauen uns unser eigenes Smart Home selbst.

Ihren Fernseher haben Sie bereits als „Stromfresser" identifiziert? Sehr gut!

Schalten Sie Ihren PC ein oder nehmen Sie sich Ihr Smartphone oder Tablet zur Hand. Suchen Sie im „World Wide Web" nach dem

Stichwort „WLAN-Steckdose" und Sie werden erschlagen sein von der riesigen Auswahl, die Ihnen angeboten wird. Schauen Sie sich die Beschreibungen der einzelnen Produkte gut an und Sie werden feststellen, dass hier alle relevanten Daten aufgeführt werden, auch der Stromverbrauch im Bereitschaftszustand und die erforderliche Smartphone-Applikation.

Hier bleibt noch zu erwähnen, dass die Smartphone-Apps in der Regel für Ihr Handy alle kostenlos sind. Einige Modelle bieten sogar eine „Energy-Measure"-Funktion. Das bedeutet, dass Sie in Echtzeit auf Ihrem Smartphone den aktuellen Stromverbrauch prüfen können, im eingeschalteten sowie im ausgeschalteten Zustand (Standby). Dies ist eine wertvolle Funktion, um eine Ersparnis direkt vor Ort errechnen zu können. Aber diese Funktion ist natürlich kein Muss. Versuchen Sie, ein Modell eines Herstellers zu finden, der auch viele weitere Aktoren, wie Schalter, und diverse Sensoren anbietet, einzig und allein aus dem Grund, damit wir nur mit einer einzigen App auf unserem Handy übersichtlich all unsere Geräte sehen und steuern können.

Zwei sehr bekannte Apps sind „**Smartlife**" und „**Tuya**". Viele verschiedene Hersteller bieten Geräte für diese beiden Apps an. Beide Hersteller sind auch untereinander kompatibel. Wer hätte es gedacht? Nach genauer Recherche verbirgt sich dahinter nämlich EIN chinesischer Hersteller. Wir wollen vermeiden, dass Sie später mehrere verschiedene Apps auf Ihrem Handy öffnen müssen, um Ihre verschiedenen Geräte bedienen zu können, es geht nämlich auch mit einer einzigen. Sie können Ihre Suche auch erweitern, indem Sie den Suchbegriff um den Namen der gesuchten App erweitern. Ein Beispiel: „WLAN-Steckdose Smartlife-App".

Eine WLAN-Steckdose sollte den Preis von maximal 15 Euro in keinem Falle übersteigen. Ein Mehrwert bei teureren Modellen ist meist nicht zu verifizieren. Bestellen Sie die erforderliche Anzahl der Steckdosen und wir können auch schon direkt loslegen.

Sicher bei Ihnen zu Hause eingetroffen, beginnen Sie mit dem Auspacken und zu sehen sind runde oder eckige Zwischensteckdosen mit einem Knopf. Dieser Knopf ist der Verbindungsknopf, den wir erst einmal nicht weiter beachten müssen.

Über diesen Knopf kann später auch die Steckdose manuell aus- und eingeschaltet werden. Das Prinzip sollte klar sein. Diese Steckdose wird in Ihre Wandsteckdose eingesteckt, das Endgerät, in unserem Beispiel der Fernseher, wird in die Zwischensteckdose eingesteckt. Jetzt sollten Sie die nötige Smartphone-Applikation auf Ihr Handy herunterladen. Im „App-Store" Ihres Smartphones finden Sie die App unter Eingabe des Namens der App, die Sie suchen – Smartlife, Tuya oder ein anderer Hersteller, für den Sie sich entschieden haben. Der Weg der Einrichtung, den wir hier gemeinsam durchlaufen, ist bei fast allen Herstellern identisch oder zumindest sehr ähnlich. Nach erfolgreichem Herunterladen und Installieren der App auf Ihrem Smartphone oder Tablet werden Sie aufgefordert, ein Benutzerkonto zu erstellen. Dies ist nötig, damit Sie auch unterwegs auf Ihre Geräte zugreifen können.

Sobald im nächsten Schritt unsere WLAN-Steckdose in unsere Wandsteckdose eingesteckt wird, blinkt schon eine LED in einer bestimmten Farbe in regelmäßigen Abständen.

Damit wird die Bereitschaft zur Verbindung mit Ihrem WLAN-Netzwerk signalisiert. Sie sollten spätestens jetzt den Namen Ihres WLAN-Netzwerkes kennen und den Netzwerkschlüssel (meist auf der Rückseite Ihres WLAN-Routers) zur Hand haben. Nach der Registrierung wird Ihnen eine fast leere Übersichtsseite angezeigt. Durch Klicken auf das oben rechts angezeigte „+" oder auf „Gerät hinzufügen" werden Sie im nachfolgenden Schritt angeleitet, wie die Steckdose ordnungsgemäß mit Ihrem WLAN verbunden wird. Sie wählen den Namen Ihres Netzwerkes und geben den WLAN-Schlüssel einmalig ein. Die Steckdose signalisiert bei erfolgreicher Kopplung durch Ein- und Ausschalten und durch Erlöschen der blinkenden LED die erfolgreiche Verbindung. Fertig! Sie haben Ihr erstes Smart-Home-Gerät hinzugefügt.

Diese Steckdose kann nun in Ihrer App umbenannt werden, es kann ein Foto oder ein Symbol eingefügt werden und die Steckdose kann nun durch Klicken auf das Icon oder Foto ein- und ausgeschaltet werden. In unserer neu erworbenen Smartphone-Applikation haben wir nun die Möglichkeit, einen gesonderten Raum zu erstellen und diese erstmals eingefügte Steckdose einem Raum zuzuweisen. Diesen können Sie individuell benennen und damit die ganze Steuerung übersichtlicher halten. Die Sortierung nach Räumen eignet sich hervorragend für eine übersichtliche Darstellung. Die App ist einfach und intuitiv gehalten. Klicken Sie auf Ihre Steckdose und dort auf „Timer".

Hier haben Sie die Möglichkeit, bestimmte Zeiten für Ihre Steckdose festzulegen, wann diese voll automatisch ein- bzw. ausgeschaltet werden soll – ohne eigenes Dazutun, voll automatisch. Sollten Sie von vornherein mehrere Steckdosen geordert haben, fügen Sie diese auf dieselbe Art und Weise hinzu und verteilen Sie sie ggf. auf unterschiedliche Räume, so wie es am einfachsten und am übersichtlichsten ist. Studieren Sie die App und probieren Sie einfach mal alles aus. Sie können nicht viel falsch machen. Smartlife zeigt im oberen Bereich des Displays die Stadt, in der sich die Geräte befinden, die aktuelle Temperatur sowie den Luftdruck und die Windgeschwindigkeit an. Auch mit diesen Daten können Sie Automatisierungen vornehmen. So ist es beispielsweise ein Kinderspiel, unter dem Menüpunkt „Szene" eine automatische Schaltung über das „Wenn/Dann"-Prinzip zu erstellen.

• Beispiel 1: WENN eine Temperatur von 25 Grad (Außentemperatur) erreicht wird, DANN schalte Steckdose X ein oder aus.

• Beispiel 2: WENN Steckdose X eingeschaltet wird, DANN schalte sie nach 1 Stunde wieder aus.

An den Steckdosen könnte beispielsweise ein Ventilator oder ein Klimagerät angeschlossen sein.

Ein anderes Beispiel ist die Abhängigkeitsschaltung: „Wenn Steckdose X eingeschaltet wird, dann schalte Steckdose Y und Steckdose Z ebenfalls ein." So können u. a. mehrere Lampen oder Geräte gleichzeitig mit nur einem Befehl geschaltet werden, sogenannte Gruppenschaltungen, abhängig von nur einem Befehl bzw. Klick oder Sprachbefehl.

Im beschriebenen oberen Anzeigebereich der App, in dem die Stadt und die Temperatur angezeigt werden, können Sie mit einem leichten „Wischen" nach links über Ihr Handy-Display auf den Reiter „Energiesparen" wechseln. Hier zu sehen ist der bisher aufgelaufene Stromverbrauch der Geräte, die die „Power-Measure"-Funktion unterstützen, über die wir bereits gesprochen haben.

Die App summiert die Verbräuche und Sie können leicht errechnen, wie viel tatsächlicher Strom über die Aktoren geflossen ist. Mit einer simplen Multiplikation mit dem Betrag, den Ihr Stromanbieter für **eine** kWh (Kilowattstunde) berechnet, haben Sie die Kosten für Ihre Geräte ermittelt, die Ihnen Ihr Energielieferant für diese Bereitstellung in Rechnung stellen wird.

FAHREN WIR MIT WEITEREN GERÄTEN FORT ...

Ein WLAN-Temperatursensor, der zu einem Preis zwischen 15 und 30 Euro bestellbar ist, entnehmen Sie der Verpackung, setzen die erforderlichen (meist mitgelieferten) Batterien ein und klicken exakt wie bei den Steckdosen auf das „+" in der App oder auf „Gerät hinzufügen". Die Smartlife-App erkennt das neue Gerät und fügt es der Übersicht hinzu. Auch hier kann wieder ein Raum ausgewählt werden, in dem sich der Sensor in Zukunft befinden wird. Mit einem Nagel in der Wand befestigen Sie ihn an seinem Bestimmungsort und schon verrichtet er seinen Dienst, die Temperatur und die Luftfeuchtigkeit des Raumes zu messen und anzuzeigen. Die gemessenen Daten können nicht nur vom Display des Sensors abgelesen werden, sondern exakt diese Daten können Sie nun auch, von überall aus, auf Ihrem Smartphone abrufen und dort ebenfalls für andere Zwecke nutzen, zum Beispiel dafür, bei einer bestimmten Luftfeuchtigkeit oder Temperatur im Raum, gezielt Geräte zu schalten, etwa einen Lüfter. Welche Geräte das sind, entscheiden Sie!

Im nächsten Praxispunkt erweitern wir unser bisher aufgebautes Smart Home um ein Alarm-System. Jeder Mensch hat das Recht, sich sicher zu fühlen, und in den vergangenen Jahren ist der Umsatz bei Sicherheitstechnik und Überwachungskameras in die Höhe geschnellt. Früher mussten teure Sicherheitsunternehmen beauftragt werden, um die doch recht komplizierte Überwachungs- und Sicherheitstechnik zu planen, zu installieren und Einweisungen der Endkunden in die umfangreichen und komplexen Anlagen vorzunehmen.

Der Markt hat sich jedoch stark geändert. Kameras sind aufgrund der Massenproduktion in China auf einen absoluten Niedrigpreis gesunken (teils unter 20 Euro für eine Kamera) und durch die Vereinfachung der Smart-Home-Technik sind

Alarm-Systeme für jedermann zu einem Bruchteil der Kosten im Vergleich von vor 10 Jahren möglich geworden. Intuitiv und einfach einzurichten durch die Smartphone-Anbindung, sind solche Anlagen nun enorm leicht zu bedienen.

Für unseren hiesigen Anwendungsbereich suchen wir ein Alarm-System für die bereits vorhandene Smartlife-App. Unter Eingabe dieses Suchbegriffs in einem Onlineshop finden wir etliche „Starter-Sets" mit verschiedensten Sensoren. Ich habe ein System ins Auge gefasst mit einer Art Tablet an der Wand als zusätzliche Bedieneinheit, neben unserem Handy. Es beinhaltet fünf Tür- bzw. Fenstersensoren, die eine Öffnung registrieren, zwei weitere Fernbedienungs-Handsender, einen Bewegungsmelder und zwei RFID-Chips für Schlüsselbund und Außensirene. Ein RFID-Chip ist ein Chip, der einfach an die Wandsteuerung gehalten wird, um die Alarmanlage zu aktivieren bzw. zu deaktivieren, ohne jegliche Eingaben vornehmen zu müssen.

Wir haben also hier die Möglichkeit, die Alarm-Anlage mit dem Handy, mit den beiden mitgelieferten Fernbedienungen, am Wand-Tablet selbst und zusätzlich noch mit den beiden RFID-

Chips zu steuern. Zweifelsohne ein recht umfang-
reiches Paket zum Preis von unschlagbaren 129
Euro! Ich bin selbst überrascht.

Auf den gesamten Funktionsumfang der
Alarmanlage möchte ich hier weniger eingehen.
Ein ausführliches Handbuch liegt der Alarmanlage bei und Sinn und Zweck einer solchen Anlage
ist auch bekannt. Heute beschränken wir uns auf
die Einbindung und die Zusammenarbeit mit unserem Smart Home.

BESTELLT, GELIEFERT ...

Das Prinzip von Tür- und Fensteröffnungs-Senso-
ren ist immer gleich. Solch ein Sensor besteht immer aus zwei Teilen: dem Melde-Modul, welches
eine WLAN- oder Funk-Verbindung zur Basis
bzw. App herstellt, um den aktuellen Zustand mitzuteilen, und dem Gegenpart, dem Magnet. Dieser
löst die Öffnungserkennung, durch das Unterbre-
chen des Magnetflusses, im Meldemodul aus. Das
Meldemodul wird auf den Tür- oder Fensterrah-
men geschraubt oder geklebt, das Gegenstück, der
Magnet, auf den beweglichen Fensterflügel oder
das Türblatt, beide parallel und recht

enganliegend bei geschlossenem Zustand. Maximal ein 1 cm großer Spalt darf zwischen beiden Teilen bei geschlossenem Zustand liegen. Wird nun der Magnet durch den Fensterflügel oder durch das Türblatt von seinem Melde-Modul durch Öffnen getrennt, registriert das Modul die Öffnung und meldet diese Zustandsänderung der Alarm-Zentrale und diese meldet es dann weiter an die App.

Montieren Sie die Sensoren an allen zu überwachenden Fenstern und Türen.

Der mitgelieferte Bewegungsmelder erkennt über ein Infrarotsignal auch in der Nacht Bewegungen an seinem Montageort und meldet diese an die Alarm-Zentrale und das Smartphone.

Das Steuerungs-Tablet, also die Alarm-Zentrale, wird mit Netz-Strom UND mit Batterien betrieben. Diese Redundanz ist der Möglichkeit geschuldet, bei Ausfall der Hauptstromversorgung mit Batterien die Notstromversorgung für eine Zeit weiter zu gewährleisten, um den Dienst ordnungsgemäß aufrechterhalten zu können. Nachdem die Batterien eingelegt wurden und das Netzteil den Weg in eine Steckdose gefunden hat, sollte die Anlage starten und wir können beginnen, den

Einrichtungsprozess, wie auf dem Display der Anlage beschrieben, abzuschließen. Hierfür nutzen Sie bitte das beiliegende Handbuch der Anlage oder Sie folgen den Anweisungen auf dem Display. Dafür sollten Sie Ihren WLAN-Netzwerkschlüssel, den wir ja bereits für unsere Smartlife-App benötigten, bereithalten. Vorher sollten ebenfalls schon die Tür- und Fenster-Sensoren montiert und mit eingelegten Batterien betriebsbereit sein. Der Bewegungsmelder sollte an dem dafür vorgesehenen Ort montiert sein und die Batterien der beiden Fernbedienungen sollten auch bereits eingebracht sein.

Um die gesamte Anlage nun in unsere Smartlife-App zu integrieren, klicken Sie wie immer auf das „+" oder auf „Gerät hinzufügen". Die neue Alarmanlagenzentrale sollte nun als Alarmanlage auch erkennbar und bedienbar sein.

Bei diesem Alarm-System muss erwähnt werden, dass die beiliegenden Sensoren ausschließlich per Funk an die Alarm-Zentrale ihre Zustände melden und nicht per WLAN an unsere App. Mit unserem Smartphone lässt sich ausschließlich die Alarm-Zentrale steuern, nicht, wie vielleicht erwartet, jeder einzelne Sensor oder der

Bewegungsmelder, da es alles in allem ein geschlossenes System ist, aber integriert in unser Smarthome und damit in unsere App.

Natürlich haben Sie auch die Möglichkeit, sich Tür- und Fenstersensoren und auch Bewegungsmelder, also rein sicherheitsspezifische Sensoren mit WLAN-Funktion, speziell NUR für die Smartlife- oder Tuya-App anzuschaffen, um Ihre eigene Alarmierung zu „basteln" oder um diese dann mit anderen Aufgaben, wie dem Schalten weiterer Empfänger (Steckdosen, Lampen etc.), zu beauftragen. Dies ist bei diesem Alarmanlagen-Set jedoch NICHT gegeben.

Ein Smartlife-WLAN-Öffnungssensor kostet in der Regel ca. 10 Euro. Dieser wird genau wie unsere Steckdose in die Applikation eingebunden und kann über „Szene" mit Automatisierungsaufgaben, wie zum Beispiel mit dem Melden einer Öffnung (auf unserem Smartphone) oder dem Schalten einer Lampe, beauftragt werden. Die Möglichkeiten sind unendlich. Ein Bewegungsmelder kostet in etwa 25 Euro.

Der Winter naht und die Heizungen werden langsam wieder eingeschaltet. Ein Großteil der Menschen nutzt in den Wohnräumen Heizkörper.

Diese werden vom Verbraucher durch Drehen am seitlich angebrachten Thermostat-Regler zwischen Frostschutz, dem *, und einer Skala zwischen 1 und 5 eingestellt. Welche Temperatur der Raum bei welcher Stufe hat, ist uns bis dato völlig unklar. Hauptsache ist doch, wir empfinden es als angenehm warm. Nachdem Sie nun bereits einen Temperatursensor in Ihr Smart Home integriert haben, achten Sie mal darauf, welche Temperatur für Sie als angenehm wahrgenommen wird und auf welche Stufe Sie Ihren Heizkörper eingestellt haben. Sie fühlen sich wohl bei Stufe 3? oder bei 4? ... oder doch vielleicht erst bei Stufe 5? Wäre es nicht angenehmer, die Temperatur direkt auf die nötigen „Grad" einstellen zu können? 21 Grad vielleicht?

Mit Sicherheit wäre es das, denn so bekommen Sie mehr Gefühl für die tatsächlichen Temperaturen im Innenbereich. Vielleicht ist Ihr Wohnzimmer auch dauerhaft zu warm? Ihrem Körper schadet das womöglich sogar. Ein großes Problem ist jedoch neben Ihrer Gesundheit, dass diese handelsüblichen Thermostate, welche auf der von Ihnen eingestellten Stufe dazu angehalten werden, dafür sorgen, dass es auch exakt so warm bleibt, egal, unter welchen Umständen. Dem Thermostat-regler ist es dabei völlig egal, ob Sie ein Fenster öffnen, die Türe geöffnet bleibt oder er die von Ihnen gewünschte Stufe vielleicht gar nicht errei-chen kann, weil durch das geöffnete Fenster -5 Grad kühle Luft ständig den Raum abkühlt. Er geht „All-In" und pulvert alles heraus, was er kann, um die von Ihnen eingestellte Stufe errei-chen zu können. Energieverschwendung pur. Denn nur Sie wissen höchstwahrscheinlich, dass Sie das Fenster nach 30 Minuten wieder schließen und der Heizkörper bzw. das Thermostat erst dann wieder anfangen könnte, den Raum sinnvoll aufzuheizen, anstatt die warme Luft sprichwört-lich „aus dem Fenster zu blasen".

Intelligente Heizkörperthermostate lassen sich am Thermostat selbst oder über unsere App durch Eingabe der gewünschten Temperatur steu-ern. Zeitsteuerung oder intelligente Funktionen, wie eine „Offene-Fenster-Funktion" oder eine An-wesenheitserkennung durch das WLAN-Signal, erweitern das Funktionsspektrum deutlich. Der Austausch der Thermostate ist simpel und auch für Laien relativ einfach zu bewerkstelligen.

Das von mir ins Auge gefasste WLAN-Thermostat kostet um die 50 Euro. Beim Einlegen der Batterien werden wir durch ein „INST" auf dem Display zur Installation am Heizkörper aufgefordert.

Schalten Sie Ihren Heizkörper am „alten" Thermostatregler über die Stufe * (Frostschutz) ganz ab. Drehen Sie den Regler bis zum Anschlag zurück. Nehmen Sie sich eine Rohrzange zur Hand, schrauben Sie die Überwurfmutter lose und ziehen Sie das Thermostat zur Seite hin ab. Zu sehen bleibt nur noch das Gewinde und ein kleiner Metallnippel – das Ventil.

Schrauben Sie die Überwurfmutter des neuen Thermostats auf das Gewinde und achten Sie darauf, dass Sie das Display des neuen Thermostats gut ablesen können. Die Stellung des Displays spielt keine Rolle, Hauptsache, es ist gut ablesbar. Wichtig ist, dass Sie die Überwurfmutter mit der Rohrzange wieder handfest anschrauben. Lesen Sie in der beiliegenden Bedienungsanleitung nach, wie Sie die abgeschlossene Installation am Heizkörper auf dem Thermostat-Display bestätigen – meist durch Drücken von nur einer Taste. Nach Abschluss der Installation führt das Thermostat automatisch eine Kalibrierungsfahrt durch. Es prüft die Ventilstellungen bei geschlossenem Zustand, dann bei geöffnetem Zustand und anschließend wird das Ventil wieder geschlossen.

Nun können Sie in der App, wie gewohnt, das Gerät hinzufügen. Dies sollte jetzt kein Problem mehr darstellen.

In der App können Sie nun die Temperatur einstellen und ebenfalls zeitlich gesteuerte Temperaturen hinterlegen. Passen Sie diese Einstellungen an Ihren Alltag an. Wenn Sie tagsüber nicht im Haus sind, lassen Sie die Temperatur absenken. Eine Stunde, bevor Sie zurückkehren, lassen Sie die Temperatur anheben. Ich garantiere Ihnen, Sie sparen bares Geld!

Sobald das Thermostat durch die sensible Elektronik registriert, dass ein Fenster geöffnet wurde, und die Temperatur im Raum schlagartig sinkt oder stetig schwankt, schaltet das Thermostat in den „Fenster-Offen-Modus". Der Regler schließt das Ventil und unterbricht die Heizphase so lange, bis dieser Umstand nicht mehr gegeben ist. Anschließend wird der Raum wieder auf die gewünschte Temperatur aufgeheizt. Genauso verhält es sich bei einer offenen Tür. Versucht der Heizkörper, die vorgegebene Temperatur zu erreichen, und das Thermostat bemerkt, dass selbst bei ganz geöffnetem Ventil kein Temperaturanstieg zu verzeichnen ist, unterbricht er den Versuch und meldet eine offene Türe oder ein offenes Fenster und unterbricht die Heizphase wiederum. Auch diese Funktionen sparen einiges an Energie und damit natürlich auch an Geld. Beobachten Sie Ihre Verbräuche und Sie werden sehen, dass deutliche Ersparnisse möglich sind.

Tipp: Zählen Sie die Heizkörper, die Sie in Ihr Smart Home einbinden möchten, und kaufen Sie von vornherein Sets mit mehreren Thermostaten. Im Set sparen Sie bereits bei der Anschaffung gegenüber dem Einzelkauf. Suchen Sie einen Hersteller, der sowohl Sets als auch einzelne Thermostate anbietet. So können Sie ggf. noch weitere nachordern, falls Sie nicht alle auf einmal kaufen möchten – auch wenn dies unterm Strich evtl. teurer ist. Manche Hersteller bieten aber grundsätzlich nur Sets an. Hier wäre es ärgerlich, wenn Sie nur noch ein oder zwei Thermostate benötigen, aber gleich ein ganzes Set mit 4 Stück erwerben müssen. Vergleichen Sie die Preise und schauen Sie sich den Funktionsumfang an. Der eine oder andere Hersteller bietet doch noch veraltete

Geräte ohne die wichtige „Offene-Fenster-Erkennung", geschweige denn mit einer Anwesenheitserkennung (bei teureren Modellen) an.

FASSEN WIR KURZ ZUSAMMEN …

Unser Smart Home ist bereits in einem fortgeschrittenen Stadium:

• Der Fernseher wird automatisch zu bestimmten Zeiten oder manuell durch unser Smartphone vom Netz getrennt.

• Wir schalten weitere Geräte über die schaltbaren Steckdosen automatisch oder aus der Ferne ein und aus.

• Wir haben ein Alarm-System und ein unbemerkter Zutritt in unsere Komfortzone ist ausgeschlossen.

• Unsere Heizkörper regeln wunschgemäß die Temperaturen der einzelnen Räume sinnvoll und effektiv.

• Temperatursensoren informieren uns zuverlässig über die Luftfeuchtigkeit im Raum, erinnern uns damit ganz nebenbei, ob wir lüften sollten, und zeigen uns die aktuelle Temperatur – auch wenn wir nicht zu Hause sind.

Das bedeutet, unser Zuhause ist nun „smart". Dies war es auch bereits nach der ersten automatisierten Funktion. Denken Sie daran, den Umfang Ihres intelligenten Zuhauses bestimmen allein Sie!

Der letzte Punkt, der gerade für Smart-Home-Einsteiger noch von bedeutender Relevanz ist, sind natürlich die Lampen.

Bevor es um die Beleuchtungssteuerung geht, müssen wir vorher einen wichtigen Gedanken fassen: „Was möchte ich schalten?" Den Schalter selbst, denn die Lampen, die bereits an der Decke montiert sind, sollen nicht ausgetauscht werden. Oder lieber eine neue Lampe, da ich sowieso vorhatte, diese gegen eine modernere oder schönere zu tauschen?

Zur Information:

• Ein WLAN-Schalter für unser Smart Home kostet zwischen 15 und 50 Euro, je nach Schalter.

• Eine WLAN-Deckenleuchte wird ab ca. 35 Euro angeboten. Wandleuchten und Standleuchten selbstverständlich auch.

Der Unterschied ist ganz einfach. Wenn wir <u>vorhandene</u> Lampen per App, Zeit, Sprache oder durch Tür-/Fenster-Sensoren schalten möchten, also in unser Smart Home integrieren möchten, muss der vorhandene Schalter ausgetauscht werden, denn der Schalter soll das Signal zum Einschalten der Lampe bekommen, nicht die Lampe an sich.

Der Nachteil hierbei ist, dass, wie schon erwähnt, elektrotechnische Vorkenntnisse vorhanden sein müssen, da wir in die vorhandene Elektroinstallation eingreifen müssen (Demontage des alten Schalters/Anschluss des neuen Schalters).

Ein weiterer Nachteil ist, dass die WLAN-Schalter meist nicht in die vorhandene Schalterserie und die Abdeckrahmen passen. Natürlich gibt es auch Module, die <u>hinter</u> den vorhandenen Schaltern in der Dose angeschlossen werden und unseren vorhandenen Standard-Schalter WLAN-fähig machen können. Aufgrund der erforderlichen Kenntnisse gehen wir in diesem Buch jedoch nicht darauf ein. Für Anfänger, ohne jegliches Fachwissen, ist es nicht zu empfehlen.

Sollten wir uns dazu entscheiden, die vorhandene Lampe auszutauschen, werden natürlich auch gewisse elektrotechnische Vor- bzw. Grund-kenntnisse zum Anschluss einer Lampe benötigt, diese beschränken sich aber auf ein Minimum und die meisten unter uns haben in der Vergangenheit bereits eine Lampe angeschlossen und montiert. Sollten Sie jedoch absolut keine Vorkenntnisse be-sitzen, dann lassen Sie bitte eine Elektrofachkraft diesen Part übernehmen. Zu groß ist die Gefahr eines Stromunfalles und das Risiko, einen elektri-schen Schlag zu bekommen! Sollten Sie sich dazu entscheiden, den Lampentausch selbst in Angriff zu nehmen, halten Sie sich zwingend an Sicher-heitsregeln:

• Schalten Sie vor Beginn der Arbeit die Sicherung im Sicherungskasten des jeweiligen Raumes aus, besser noch: im ganzen Haus.

• Sichern Sie die Sicherung durch Abschließen des Raumes, in dem Ihr Stromkasten angebracht ist, gegen Wiedereinschalten durch eine andere Per-son.

• Prüfen Sie (mit einem Messgerät), ob tatsächlich keine Spannung mehr am Lampenauslass anliegt.

Erst dann beginnen Sie mit dem Austausch und der Montage der neuen Lampe.

Nachdem wir die neue Leuchte montiert und angeschlossen haben und die Sicherung wieder eingeschaltet wurde, können wir nun den Schalter betätigen, um die neue Leuchte einzuschalten. Diese wird fröhlich vor sich her blinken, um uns zu signalisieren, dass sie auf die Aufnahme in der App wartet. Wie das funktioniert, wissen wir bereits. Nach Hinzufügen wird uns die neue Lampe in der App angezeigt und sie lässt sich durch die bereits bekannten Möglichkeiten steuern und automatisieren.

Der reguläre Schalter an der Wand bleibt vorhanden, ist aber ab jetzt nutzlos. Denn wenn wir am Schalter die Lampe stromlos schalten, geht sie natürlich wie gewohnt aus, verliert aber damit die WLAN-Verbindung und die Kommunikation mit unserer App und den weiteren Geräten. Dies wäre nicht zielführend, da die automatisierten Vorgänge in Verbindung mit dieser Leuchte nicht mehr greifen können. Da wiederum bietet der WLAN-Schalter den Vorteil, die Lampe ein- und ausschalten zu können und dabei ständig die Kommunikation mit unserer App bzw. unserem Netzwerk aufrechtzuerhalten, ganz gleich, ob ein- oder ausgeschaltet.

Jetzt haben wir die verschiedensten Möglichkeiten, diese Leuchte zu automatisieren:

• Mit einem Tür-Sensor in „Szene" gebracht, kann sie sich beim Öffnen der Türe einschalten.

• Durch einen Bewegungsmelder gesteuerte Zustandsänderungen.

• Zeitschaltung: Manuell einschalten und nach X Minuten/Stunden wieder ausschalten.

• Dimmen auf einen bestimmten Prozentsatz (je nach Leuchte).

• Bestimmte Farben auswählen (je nach Modell).

Und viele weitere ...

Besonders ans Herz legen möchte ich Ihnen aber noch die Verwendung von Rauchwarnmeldern!

In § 49 Absatz 7 der Landesbauordnung (BauO) Nordrhein-Westfalen heißt es: „In Wohnungen müssen Schlafräume und Kinderzimmer sowie Flure, über die Rettungswege von Aufenthaltsräumen führen, jeweils mindestens einen Rauchwarnmelder haben. Dieser muss so eingebaut oder angebracht und betrieben werden, dass Brandrauch frühzeitig erkannt und gemeldet wird. Wohnungen, die bis zum 31. März 2013 errichtet oder genehmigt sind, haben die Eigentümer spätestens bis zum 31. Dezember 2016 entsprechend den Anforderungen nach den Sätzen 1 und 2 auszustatten. Die Betriebsbereitschaft der Rauchwarnmelder hat der unmittelbare Besitzer sicherzustellen, es sei denn, der Eigentümer hat diese Verpflichtung bis zum 31. März 2013 selbst übernommen."

Die Realität sieht aber leider ganz anders aus. Wie oft hätten Brände bzw. deren Ausbreitung verhindert werden können, wenn solch einfache, aber effektive Geräte angebracht worden wären.

Nutzen Sie die Gelegenheit und schaffen Sie sich WLAN-Rauchmelder an, die sofort eine Kettenreaktion mit allen weiteren Rauchwarnmeldern auslösen, sobald EIN Melder einen Brand erkannt hat. Es könnte auch Ihr Leben retten!

Für unser Smart Home, kompatibel mit unserer App, kostet ein WLAN-Rauchwarnmelder zwischen 20 und 40 Euro. Gut angelegtes Geld, würde ich behaupten, auch wenn hier wieder einmal keine Ersparnis in Sicht ist. Vielleicht aber auch doch, wenn es darum geht, Schlimmeres verhindern zu können.

Die Einrichtung ist ebenfalls wie bei allen anderen Geräten, die wir bisher eingerichtet haben, sehr einfach.

Sobald Sie die Rauchwarnmelder aus der Verpackung genommen haben, setzen Sie die beiliegende Batterie ein. Die Betriebs-LED beginnt, zu blinken. In unserem Smartphone fügen wir das Gerät in die Smartlife-App durch Klicken auf das „+" ein. Schon ist der Rauchwarnmelder betriebsbereit. Nun kann er an der Decke montiert werden. Wählen Sie den Montageort weise und gut überlegt, nicht direkt neben Lampen, nicht über Kochstellen und nicht direkt an Eingängen mit viel Luftzug. Wir wollen schließlich eine einwandfreie und störungssichere Bereitschaft herstellen. Benennen Sie den Melder eindeutig um und verschieben Sie ihn in den dazugehörigen Raum innerhalb der App. So haben Sie alle Geräte übersichtlich in den jeweiligen Räumen verteilt. Sollten Sie mehrere Rauchwarnmelder gekauft und eingefügt haben, bleibt noch zu erwähnen, dass alle Rauchmelder einen lauten Warnton von sich geben, auch wenn nur ein Melder Rauch erkannt hat. Vernetzte Alarmierung wird diese Prozedur genannt. In der App wird Ihnen auf dem

Smartphone jedoch angezeigt, welcher Rauchmelder tatsächlich den Rauch erkannt hat. Dieses Vorgehen sichert Ihnen maximale Alarmierung im Haus, um die Bewohner zu warnen. Detaillierte Hinweise zur Auslösung erhalten Sie dann in der Applikation auf dem Handy.

Sprachsteuerung: Komfortabel schalten und steuern

Ihnen brennt es doch bestimmt schon auf der Seele, wann wir uns endlich über eine Möglichkeit unterhalten, wie Sie all Ihre neuen Sensoren, Thermostate, Steckdosen und Lampen per Sprache steuern können, richtig?

Da wir unser Smart Home bis hierher schon recht weit vorangetrieben haben, wäre jetzt der optimale Zeitpunkt, eine einfache und meines

Erachtens leichte und gleichzeitig auch die beste Möglichkeit aufzuzeigen, Sprachbefehle und deren Ausführung zu realisieren.

Des Rätsels Lösung heißt: **Amazons „Alexa"**

Im Fachjargon auch „Amazon Echo" oder „Echo Dot" betitelt, liefern die kleinen Sprachassistenten in Form eines runden Lautsprechers einfach alles, was wir für eine Sprachsteuerung benötigen. Hinzu kommt ein großer Mehrwert an Informationen und Entertainment.

2019 nutzten etwa 32 Prozent der Bevölkerung digitale Sprachassistenten, 2020 waren es schon 45 Prozent und 2022 geht man inoffiziell von einer Nutzerquote von über 85 Prozent der Bevölkerung aus.

Marktführer ist deutlich, wer hätte es gedacht? – Alexa von Amazon.

Da wir bei einem Amazon Echo Dot (3. Generation) von einem sehr geringen Anschaffungspreis von 19,99 Euro sprechen und dieser bestens für Anfänger geeignet ist, wird er auch Bestandteil des Buches – für Einsteiger.

Wir legen uns also jetzt, wenn noch nicht geschehen, einen Amazon Echo Dot zu. Welche Generation (Gen) ist erst einmal unerheblich.

Grundsätzlich unterscheiden sie sich neben hier nicht relevanten Punkten nur noch in Form, Farbe und Klang des Lautsprechers, und natürlich im Alter der jeweiligen Generation. Für welchen Sie sich entscheiden, bleibt wie immer Ihnen überlassen.

Wenn wir uns für eine Sprachsteuerung entscheiden, muss klar sein, dass wir ein Gerät erwerben, welches zusätzlichen Strom benötigt. Wenn wir auf Energieersparnis aus sind, sollte uns jedoch der Standby-Stromverbrauch vom Echo Dot, der mit 1,5 Watt angegeben wird, nicht sonderlich stark von unserem Vorhaben abhalten. Dass für den Kauf von einem Echo Dot und dem späteren Betrieb ein auf Sie registriertes Amazon-Benutzerkonto erforderlich ist, versteht sich, denke ich, von selbst, jedoch wollte ich es hier nicht unerwähnt lassen.

Ausgepackt stellen wir den schicken Lautsprecher an seinem Bestimmungsort auf, schließen das beiliegende Netzkabel an und verbinden es mit einer Steckdose. Ein farbiger Ring beginnt, zu kreisen, und bittet uns, die „Alexa-App" auf unser Smartphone zu laden. In dieser App wird man

intuitiv und einfach durch den WLAN-Anmel-
deprozess geleitet. Das war's ...

Um jetzt unsere Geräte per Sprache steuern zu
können, wechseln Sie innerhalb der Alexa-App
auf den Reiter „Skills". „Skills" sind Zusatz-Funk-
tionen, die Alexa übernehmen kann, wenn der
Anbieter unserer Smart-Home-Geräte, der sogenannte „Drittanbieter", einen eigenen Skill für
Alexa entwickelt hat und zur Verfügung stellt.
Smartlife bietet so einen Skill an und diesen geben
wir in der Skill-Suche auch ein. Dort klicken wir
auf „aktivieren" und anschließend geben wir
Alexa die Daten unseres Smartlife-Benutzerkon-
tos, welches wir zu Beginn dieses Buches gemeinsam erstellt haben.

Alexa erkennt nun, dass in diesem Skill bzw.
in Ihrem Benutzerkonto einige Geräte vorhanden
sind, dies signalisiert sie mit einer Sprachansage:
„Gerätesuche wird gestartet, dies kann einen Mo-
ment dauern." Nach Abschluss ihrer Suche meldet
sie die Anzahl an Geräten, die sie finden konnte,
„Ich habe X neue Geräte gefunden", und fügt sie
in ihr Portfolio ein. Fertig!

Sollten Sie in Zukunft Geräte über Ihre Smartlife-App hinzufügen, werden diese auch automatisch von Alexa erkannt.

Nun können Sie durch Zurufen von „Alexa, schalte Steckdose XY ein" Ihre gewünschten Steckdosen, Schalter und Lampen steuern. Es wird immer jener Name verwendet, den Sie in der Smartlife-App für das Gerät vergeben haben. Ändern Sie den Namen in der Smartlife-App, wird er automatisch im Echo Dot, in Alexa, auch geändert und kann auch so angesprochen werden.

Durch Stellen der Frage „Alexa, wie hoch ist die Temperatur von [NAMEDESSENSORS]?" beginnt Alexa damit, Ihnen per Sprachausgabe mitzuteilen, wie hoch die gemessene Temperatur ist.

Ein Erhöhen der Raumtemperatur ist ebenfalls durch einen Sprachbefehl möglich. Alexa weist dann die Smartlife-App an, den dafür erforderlichen Heizungsregler auf die gewünschte Temperatur einzustellen.

Über die Alexa-App können wir durch einen Klick unten rechts auf die drei Striche den Menüpunkt „Routinen" aufrufen. Ein sehr interessanter und umfangreicher Punkt. Dort haben wir unter anderem die Möglichkeit, unsere Geräte der

Smartlife-App in bestimmten Reihenfolgen und mit Funktionen von Alexa zu kombinieren, ähnlich der Funktion „Szene" unserer Smartlife-App. So können wir beispielsweise entscheiden, wie der Befehl für Alexa durch uns gesprochen werden muss und was Alexa dann wie an Aufgaben erledigen soll – in welcher Reihenfolge, mit Pausen dazwischen oder aber auch, welche Antwort sie Ihnen zurückgeben soll, wenn die Aufgabe ausgeführt wurde. Standardmäßig liefert sie uns nämlich nur einen kurzen Bestätigungston nach Ausführen der Aufgabe. Über die Handytastatur lässt sich ein individueller Text eingeben. So ist es beispielsweise möglich, eine Routine zu erstellen, die durch die Ansage „Alexa, schalte das Licht im Flur ein" zusätzlich noch einen bestimmten Radiosender einschalten und Musik abspielen lässt. Abgerundet durch die von uns erstellte individuelle Beispiel-Antwort „Das habe ich für Sie erledigt", wird die Routine dann ausgeführt.

Sie können weitere Echo Dots (Alexas) erwerben und sie im gesamten Haus oder in jedem Zimmer verteilen. Gerade bei der Wiedergabe von Musik und der Möglichkeit, die Musik auf allen Echo-Dots im Haus gleichzeitig abzuspielen

(Multi-Room), macht diese Überlegung sehr interessant. Wichtig zu wissen ist aber, dass Sie Skills, die Sie einmal aktiviert haben, nicht auf jedem Echo erneut aktivieren müssen. Die Gerätesuche Ihrer Smartlife-App wird auch kein weiteres Mal vonnöten sein. Jede weitere Alexa kann eingesteckt werden und ist augenblicklich betriebsbereit und hat denselben Datenbestand wie das zuerst eingerichtete Gerät, ohne zusätzliche Schritte. Sprechen Sie eine von mehreren Alexas an, reagiert immer diejenige, die Sie am besten verstehen kann, ergo die, die Ihnen am nächsten steht.

Falls Sie Szenen oder Gruppen in der App hinterlegt haben, können diese ebenfalls durch Ihre Stimme von Alexa gestartet oder aktiviert werden. Näheres zu den Möglichkeiten von Alexa entnehmen Sie bitte Amazon oder Hilfeseiten im Internet. Die Möglichkeiten sind ebenfalls endlos.

Erweiterung leicht gemacht

Beobachten Sie den Markt. Beinahe täglich füllen neue Sensoren und Aktoren die Online-Shops und vielleicht sind auch interessante Dinge für Sie dabei. Wenn nicht heute, dann vielleicht morgen. Die Entwicklung steht nicht still. Schauen Sie, welche Sensoren für Sie interessant sein könnten, und probieren Sie einfach neue Dinge aus. Basteln Sie und wecken Sie Ihre Neugierde und suchen Sie neue Methoden, Ihr Smart Home voranzutreiben und zu perfektionieren. Es wird Sie sicher glücklich machen, wenn

Sie all die Dinge, die Sie vorhatten, selbstständig umgesetzt und realisiert haben.

Es macht mich jeden Abend aufs Neue stolz, wenn ich Alexa im Bett „Gute Nacht" sage und sie beginnt, ihre Routine abzuarbeiten, indem sie den Fernseher im Schlafzimmer ausschaltet, die Nachtlampen am Bett abschaltet, die Außenbeleuchtung ausschaltet, die Alarmanlage aktiviert und die Haustüre abschließt. Sie prüft, ob die Raumluftfilter abgeschaltet sind und alle Kameras das Außengelände aufzeichnen, und wünscht mir nach Abschluss der automatisierten Routine ebenfalls eine gute Nacht.

Apropos Kameras: WLAN-Kameras, erhältlich ab 20 Euro, können ebenfalls auf die übliche Art und Weise in die Smartlife-App integriert werden. Die Kamera am Stromnetz anschließen, in der App das „+" zum Hinzufügen von Geräten anklicken und schon ist die Kamera hinzugefügt und betriebsbereit. Bei jeder Bewegungserkennung der Kamera wird automatisch eine kurze Schleife aufgezeichnet und die Bewegung über das Smartphone gemeldet. Sicher ist sicher! Es war nie einfacher.

Weitere Möglichkeiten:

- Wassermelder können hinter der Waschmaschine oder der Spülmaschine angebracht werden, um über ein Auslaufen zu alarmieren.

- Füllstands-Sensoren können in Regentonnen, Wasserfässern oder Zisternen eingesetzt werden, um den tatsächlichen aktuellen Füllstand auf dem Smartphone anzeigen zu lassen oder aber diesen zu nutzen, um eine Zusatzpumpe in Gang zu setzen.

- Türschloss-Antriebe können zum automatischen Auf- und Zuschließen der Haustüre eingesetzt werden, zum Beispiel automatisiert nach Aktivieren der Alarmanlage.

- Glasbruch-Sensoren können auf Scheiben geklebt werden, um deren Bruch zu melden – in Verbindung mit unserer Alarmanlage ein attraktives Zusatzfeature unseres Sicherheitssystems.

Die Vielzahl der Sensoren lässt kaum Wünsche offen. Lassen Sie sich im Internet inspirieren, welche Möglichkeiten es gibt. Tauschen Sie sich mit anderen aus und Sie werden sehen, die Ideen sprudeln aus Ihnen heraus und der eine oder andere bringt Sie auf weitere Ideen.

Wollen Sie einen Ablauf automatisieren, finden aber partout keinen Smartlife-Sensor, der Ihnen die gewünschte Funktion bietet? Das ist kein Problem! Da Sie jetzt Nutzer von Amazons Alexa sind, versuchen Sie, herauszufinden, ob dieser gewisse Sensor zumindest eine Alexa-Unterstützung anbietet. Ist dies der Fall, können auch Sie ihn trotzdem nutzen. Zu finden wird er nach dem Einschalten nicht in der Smartlife-App sein, aber in der Alexa-App unter dem Reiter „Geräte".

Dort können Sie ihn suchen lassen und hinzufügen. Es ist tatsächlich einfach und selbsterklärend. Folgen Sie einfach den Anweisungen der Alexa-App. Ihr smarter Lautsprecher ist in der Lage, die Geräte eigenständig über das WLAN-Netzwerk anzusprechen, auch ohne Skill oder App in einigen Fällen. Bevor Sie einen Sensor oder Aktor kaufen, prüfen Sie ebenfalls, ob der Hersteller einen Alexa-Skill anbietet. Suchen Sie in der Alexa-App unter Skills einfach den Hersteller. Ist er zu finden, kann der Sensor problemlos bei Ihnen genutzt und integriert werden.

Wie bereits weiter oben schon erwähnt, setzen Sie sich intensiv mit der Alexa-App auseinander. Studieren Sie den Funktionsumfang und die

Möglichkeiten. Unter dem Reiter „Routinen" finden Sie auch Vorschläge von Alexa in Textform, gewisse Abläufe zu automatisieren. Alexa stellt dazu auch ihre eigenen Funktionen zur Verfügung, beispielsweise die Möglichkeit der Geräuscherkennung. „Piepende" Haushaltsgeräte können gemeldet werden, ein schreiendes Kind oder eine gebrochene Glasscheibe. Sie werden sich wundern, was dieser kleine Lautsprecher noch alles zu bieten hat. Für Smart-Home-Fans ein Allround-Talent.

Fazit und weiteres Vorgehen

Mit der Möglichkeit, unser Smart Home auch per Sprache steuern zu können, haben wir einen weiteren großen Schritt im Bereich Smart Home und automatisierte Steuerungen gemacht und können nun einige Befehle ausführen, ohne uns von der Stelle bewegen zu müssen, allein durch unsere Sprache. Recherchieren Sie gerne mal, welche Möglichkeiten Alexa im Bereich Infotainment und Entertainment alles anbietet – Nachrichten, Wetter, Telefonie, Musik, Radio etc.

Es wird von Tag zu Tag mehr und mit jedem Update von Amazon kommen weitere Funktionen hinzu.

Sie haben nun die Grundkenntnisse, wie Sie Ihr Zuhause oder Ihre Wohnung automatisieren können. Sie sind in der Lage, Geräte in Ihre bestehende Steuerung zu integrieren, können weitere Ideen entwickeln, um noch mehr Abläufe zu vereinfachen, Ihren Wohnraum sicherer vor unbefugtem Zutritt oder vor Katastrophen zu schützen oder um diese zumindest frühzeitig zu erkennen. Sie können Temperaturen überwachen, Ihre Heizkörper für Sie arbeiten lassen, um so am Ende auch noch Geld sparen zu können. Setzen Sie sich ständig mit Ihrer Steuerung auseinander und informieren Sie sich über neue Updates des Herstellers. Denn nur dann sind Sie immer „up to date" und über Neuerungen bestens informiert. Ebenso werden durch neue Updates auch all Ihre Smart-Home-Geräte weiterentwickelt.

Schlusswort

Ich hoffe, Ihnen mit diesem Buch einen hilfreichen Praxisleitfaden für Ihren Einstieg in die Smart-Home-Welt und das automatisierte Steuern von Wohnräumen geliefert zu haben. Es ist teilweise äußerst schwierig, sich an die eigenen Anfänge zurückzuerinnern und auch kleinste detaillierte Schritte, die für ein gelungenes Verständnis von entscheidender Bedeutung sind, die für mich heute aber als selbstverständlich und selbsterklärend erscheinen, aufzuführen und Ihnen näherzubringen. Dennoch hoffe ich, dass es mir gelungen ist, Sie an Ihrem persönlichen Punkt abzuholen und Ihnen die Anfänge und den Einstieg in

Ihr eigenes Smart Home zu ermöglichen oder zu erleichtern. Zu Ihrem neuen Smart Home darf ich Ihnen gratulieren und ich wünsche Ihnen weiterhin viel Erfolg bei der Erweiterung Ihrer bestehenden Anlage.

Willkommen in der Welt von SMART HOME!

Herstellung und Verlag:
BoD – Books on Demand, Norderstedt
ISBN: 9783756808526

© Cornelius Perlich 2022
1. Auflage
Kontakt: Psiana eCom UG/ Berumer Str. 44/ 26844 Jemgum
Covergestaltung: Fenna Larsson
Coverfoto: depositphotos.com